똑똑하게 내 마음을 말하는 법

울지 않고, 참지 않고, 욱하지 않고

똑똑하게 내 마음을 말하는 법

이임숙 글 | 미혜 그림

프롤로그

친해지고 싶은데 어떻게 해야 할지 모르겠어? 싫은 친구에게 뭐라 말할지 몰라 고민하고 있니?

초등학생 시절은 원래 친구가 중요해지는 시기야. 친한 친구가 있으면 날마다 즐겁고, 함께 등교하는 친구가 있으면 아침부터 행복해지지. 쉬는 시간에 함께 놀면 세상을 다 가진 듯한 느낌이 들 정도야. 그러니 친구를 잘 사귄다는 건 초등학생에겐 밥을 잘 먹는 일만큼 중요한 일이야.

그런데 친구 사귀기가 쉽지 않지? 친구와 친하게 지내고 싶은데 무슨 말을 해야 할지도 모르겠고, 혹시 친해졌다 해도 같이 놀다가 화나는 일도 많이 생기지. 마음이 상했는데 어떻게 화해해야 할지 모를 때도 있을 거야. 게다가 친구와 조금 싸웠을 뿐인데 짜증만 나고 아무것도 하기 싫은 마음이 들지 않니? 이튿날 학교 가기 싫은 마음도 들 수 있어. 그만큼 친구가 중요하기 때문이지.

그리고 자꾸 싫은 행동을 하는 친구도 있을 거야. 그 친구에게 야무지고 당당하게 거절하거나 하지 말라는 말을 해 본 적 있니? 아니면 그냥 짜증이 나서 피하거나 뒷담화를 하고 있니? 그러다 공연히 내 잘못도 아닌데 억울한 일을 당한 적은 없니? 그럴 때 울지 않고, 참지 않고, 욱하지 않고, 똑똑하게 내 마음을 말하는 방법이 있어.

똑 부러지게 말한다고, 하고 싶은 말을 다 한다고 말을 잘하는 건 아니야. 그렇다고 무조건 칭찬만 하고 비위를 맞추거나 아부하라는 말도 절대 아니야. 다정하고 친절하게 말하면서도 내 마음을 속 시원히 당당하게 하는 말, 그게 바로 진짜 친한 친구와 잘 지낼 수 있는 말이야. 그래서 똑똑하게 내 마음을 전하는 말이 필요해.

이제부터 너에게 기막히게 효과가 좋은 마법의 대화법을 가르쳐 줄 거야. 다양한 상황에서 나의 마음과 친구의 마음을 이해하고, 그다음에 하고 싶은 말을 한다면 나와 친구 사이에 마법 같은 신기한 일이 벌어질 거야. 고약한 행동을 하던 친구도 신기하게 달라질 거야. 그대로 따라 하기만 해도 넌 어느새 친구들과 즐거운 시간을 보내고 있을 거야.

친구와 즐겁게 잘 지낼 수 있는 방법, 울지 않고 참지 않고 욱하지 않고 똑똑하게 내 마음을 전하는 방법, 너라면 금방 익힐 수 있을 거야. 앞으로 펼쳐질 너의 즐겁고 신나는 친구 생활을 응원할게!

차례

프롤로그 ... 4

Chapter 1 — 새 친구를 쉽게 사귈 수 있는 다정한 말

- 새 친구랑 친해지고 싶은데 뭐라고 말을 걸지? ... 12
- 쉬는 시간, 같이 놀 친구가 필요해 ... 14
- 친구가 나에게 호감을 갖게 하는 방법 ... 16
- 칭찬을 잘하면 저절로 인싸가 될 수 있어 ... 18
- 친구들이 싫어하는 걸 안 하면 쉽게 친구를 사귈 수 있어 ... 20

Chapter 2 — 같이 놀며 더 친해지는 유쾌한 말

- 잘 놀다 문제가 생겼을 때 사이가 나빠지지 않으려면 ... 24
- 친구가 속상해할 때 위로해 주고 싶다면 ... 26
- 더 많은 친구와 함께 놀고 싶을 때 ... 28
- 친구에게 도움이 필요할 때 ... 30
- 내가 하기 싫은 걸 친구가 하자고 할 때 ... 32

Chapter 3 고마울 때, 진정한 친구가 되는 감사의 말

- 친구가 준비물이나 학용품을 빌려줬을 때 ... 36
- 친구가 날 기다려 줬을 때 ... 38
- 친구가 날 위로해 줄 때 ... 40
- 친구가 도움을 주었을 때 ... 42
- 친구와 함께 감사한 일을 찾아봐 ... 44

Chapter 4 미안할 때, 진심을 전하는 사과의 말

- 사과해야 하는데 말이 나오지 않을 때 ... 48
- 싫은 걸 참고 겨우 사과했는데 친구들이 받아주지 않을 때 ... 50
- 내가 뒷담화한 걸 친구가 알게 되었을 때 ... 52
- 나 때문에 우리 팀이 진 것 같아 괴로울 때 ... 54
- 사과에는 공식이 있어 ... 56

Chapter 5 약속을 잘 지킬 수 있는 믿음직한 말

- 친구가 약속을 어겼을 때 ... 60
- 약속을 취소해야 할 때 ... 62
- 내가 한 약속을 못 지켰을 때 ... 64
- 약속을 어긴 친구와 싸웠을 때 ... 66
- 분위기에 휩쓸려 못 지킬 약속을 해 버렸을 때 ... 68

Chapter 6 거절하고 싶을 때 쓸 수 있는 똑 부러진 말

- 물건을 빌려달라는 친구의 부탁을 거절하고 싶을 때   72
- 친구가 새치기를 할 때   74
- 친구가 싫어하는 장난을 자꾸 칠 때   76
- 뒷담화와 따돌림을 거절하고 싶을 때   78
- 놀기 싫은 친구가 자꾸 같이 놀자고 할 때   80

Chapter 7 예의를 지키지 않는 친구에게 전하는 당당한 말

- 묻지도 않고 내 물건을 쓸 때   84
- 내가 말하는데 자꾸 끼어들 때   86
- 나에게 이래라저래라 참견할 때   88
- 친구가 거짓말을 자주 할 때   90
- 친구가 나에게 욕을 했을 때   92

Chapter 8 친구가 나를 놀리거나 비난할 때 할 수 있는 지혜로운 말

- 내가 싫어하는 별명을 부르며 놀릴 때   96
- 내가 그린 그림을 보고 놀릴 때   98
- 시험 성적으로 잘난 척하며 놀릴 때   100

- 나 때문에 졌다고 비난할 때　102
- 친구가 내 뒷담화를 하고 다닐 때　104

Chapter 9　친구가 나를 따돌릴 때 할 수 있는 슬기로운 말

- 말을 걸어도 제대로 대답을 안 할 때　108
- 내 앞에서 친구들이 귓속말할 때　110
- 생일 파티에 나만 초대받지 못했을 때　112
- 나랑 놀지 말자고 말하는 걸 들었을 때　114
- 괴롭힘과 따돌림을 당했을 때　116

Chapter 10　바라는 대로 이루어지는 마법의 말

- 같이 놀고 싶을 때　120
- 도와달라고 말하고 싶을 때　122
- 우리 집에 초대하고 싶을 때　124
- 부러운 친구가 있어서 닮고 싶을 때　126
- 학급 회장이 되고 싶을 때　128

에필로그　130

Chapter 1

새 친구를 쉽게 사귈 수 있는 다정한 말

친한 친구가 없니?

혹시 친해지고 싶은 친구가 있어?

그럴 땐 새 친구를 쉽게 사귈 수 있도록 도와주는

다정한 말을 따라 해 봐.

새 친구랑 친해지고 싶은데 뭐라고 말을 걸지?

새 친구를 사귀고 싶은데 뭐라고 말을 걸어야 할지 모르겠구나?
걱정하지 마. 그럴 때 쓸 수 있는 다정한 말을 알려 줄게!

1단계: "○○아(야), 안녕?"

미소 지으며 "○○아(야), 안녕?"이라고 말해 봐. 미소가 특히 중요해. 두 명이 있으면 두 명 다 차례로 이름을 부르고 인사해야 해. 그럼 분명 친구들도 "안녕?"이라고 답하거나 "왜?"라고 물을 거야. 그럴 땐 밝고 큰 목소리로 이렇게 대답해.

"나도 같이 놀고 싶어."

혹시 친구들이 싫다고 해도 실망하지 마. 하루에 한 번씩 반갑게 이름 부르고 인사하기! 딱 열 번만 해 봐. 어느새 친구가 되어 있을 거야.

2단계: "○○아(야), 놀자!"

같이 놀자는 말을 들으면 어떤 기분이 드니? 신이 나서 함께 놀고 싶어지지? 그래서 다들 먼저 놀자고 말해 주는 친구를 좋아해. 자기가 먼저 말하기는 힘들기 때문이지. 그러니 주문을 외우는 것처럼 이름을 부르며 먼저 놀자고 말해 봐.

"○○아(야), 수수께끼 놀이 하자. 놀이터에서 놀자. 얼음 땡 하자!"

먼저 놀자고 말하는 친구가 가장 인기 있는 친구가 될 수 있어.

"안녕?", "같이 놀자!" 이 두 가지 말은 새 친구를 사귈 수 있는 최고의 말이야. 미소와 이름 부르기를 꼭 기억해!

쉬는 시간, 같이 놀 친구가 필요해

쉬는 시간에 함께 놀 친구가 없어서 정말 속상하지? 괜찮아!
친구가 불러 주지 않을 땐, 나를 부르게 하면 돼.

1단계: 혼자 놀이를 시작하기

신기한 사실이 하나 있어. 아이들은 혼자서 무언가를 열심히 하는 사람에게 호기심이 생긴다는 거야. 예를 들어 혼자 열심히 그림을 그리면 아이들이 와서 물어보기 시작해. 뭘 그리는지 궁금해지거든. 이때 친절하게 "그림 그려. 넌 뭐 해?"라고 대답해 봐.

이렇게 대답만 잘해도 친구들과 점차 친해질 수 있어. 넌 혼자 할 수 있는 놀이가 뭐니?

2단계: 혼자 또 같이 놀 수 있는 놀이를 준비하기

실뜨기 실을 준비해서 혼자 실뜨기를 해 봐. 분명 친구가 와서 같이 하자고 할 거야. 종이에 그림을 그리고 오려서 퍼즐 놀이를 해도 좋고, 색종이로 종이비행기를 접어 날려 보는 것도 좋아.

이 중에 한 가지만 하고 있어도 친구가 다가와서 "실뜨기 같이 하자. 퍼즐 나도 맞추고 싶어. 나도 비행기 접고 싶어."라고 말할 거야. 진짜라니까? 한번 해 볼래?

네가 잘할 수 있는 '혼자 놀이 목록'을 만들어 봐! 하나둘씩 친구들이 다가오기 시작할 거야.

친구가 나에게 호감을 갖게 하는 방법

짜증 나 보이는 친구, 머리도 안 감은 친구에게 먼저 다가가고 싶을까?
다가가고 싶은 친구가 되려면 표정 관리와 몸 관리는 필수야.

1단계: 표정 관리

친구에게 호감을 주고 싶다면 표정 관리부터 해야 해. 고개를 들고, 친구와 눈을 맞추고, 미소를 지어 봐. 밝은 사람에게는 저절로 마음이 끌리니까 말이야.

어떻게 하는지 잘 모르겠다면 거울을 보며 네가 좋아하는 친구의 표정과 몸짓을 따라 해 봐. 처음에는 어색하겠지만 반복하다 보면 자연스럽게 미소 짓는 방법을 알게 될 거야.

2단계: 몸 관리

몸 관리는 친구를 사귀는 데 있어서 가장 기본적인 습관이야. 깨끗하게 자기 몸을 관리할 줄 알아야 해. 떡진 머리에 지저분한 모습을 하고 있으면 친구는 더 멀리 달아나게 되니 말이야. 귀찮다고? 하기 싫다고? 그럼 친구와 친해지기까지는 그만큼 더 오랜 시간이 걸릴 거라는 사실을 기억해.

잘 생각해 봐. 친구랑 잘 놀기 위해 부지런히 몸 관리를 할지, 아니면 귀찮으니 나중으로 미룰지. 단, 선택에 따르는 결과도 스스로 감당해야 할 거야.

처음부터 혼자 잘하기는 힘들어. 그럴 땐 부모님께 도움을 청해 봐. 무척 기뻐하며 기꺼이 도와주실 거야. 나를 믿고 딱 한 달만 계속해 봐!

칭찬을 잘하면 저절로 인싸가 될 수 있어

가는 말이 고우면 오는 말도 고운 법! 그러니 친구에게 먼저 칭찬을 해 봐. 어떻게 해야 할지 모르겠다고? 좋아, 이번엔 칭찬하는 말을 알려 줄게.

1단계: 친구의 말과 행동을 칭찬하는 5가지 문장

1. "넌 욕을 안 해서 참 좋아."
2. "넌 정리 정돈을 참 잘하는구나."
3. "넌 친구를 항상 잘 도와주는구나."
4. "넌 숙제를 정말 성실히 해 오는구나."
5. "넌 내가 모르는 걸 항상 친절하게 알려 줘서 좋아."

2단계: 친구의 성격과 강점을 칭찬하는 5가지 문장

1. "넌 잘 웃고 밝아서 좋아."
2. "넌 성격이 참 좋고 친절해."
3. "넌 언제나 솔직해서 참 좋아."
4. "넌 거짓말을 안 하니까 믿을 수 있어서 좋아."
5. "넌 놀이 규칙을 잘 지켜서 믿음이 가."

위에 있는 열 개의 문장을 기억해서 상황에 맞게 응용해 봐.
저절로 친구들에게 인기 있는 친구가 될 수 있어.

친구들이 싫어하는 걸 안 하면 쉽게 친구를 사귈 수 있어

이 중에서 혹시 네가 하는 행동이 있다면 지금 당장 멈춰야 해!
안 그러면 친구들이 널 떠날 거야.

1단계: 놀리는 말, 나쁜 말이 자꾸 튀어나올 때

일단 두 손으로 입을 막아.

자주 썼던 말은 습관이 되어서 나도 모르게 튀어나오게 되어 있어. 그러니 그때마다 두 손으로 입을 꼭 막아. 그렇게 노력하는 모습만 보여도 친구들이 이렇게 말할 거야. "요즘 ○○(이)가 많이 달라졌어요."라고 말이야.

2단계: 손과 발, 몸이 움직이려 할 때

친구가 싫어하는데 손과 발로 살짝이라도 친구를 건드리거나, 몸으로 밀치는 건 다 신체 폭력이야. 나도 모르게 손과 발, 몸이 움직이려 한다면 마음속으로 "얼음!"을 외쳐. 꼭 "얼음!"이 아니어도 좋아. 스스로 행동을 멈출 수 있는 말이면 돼.

친구와 나 사이에는 보이지 않는 선이 있고, 그 선을 꼭 지켜야 해. 친구의 동의 없이 그 선을 넘어가면 안 된다는 사실을 기억해.

나한테는 장난이어도 친구가 괴로워한다면 그건 분명 폭력이야.
실수했다면 진심으로 사과하고, 다음부터는 그러지 않겠다고 약속해야 해.

Chapter 2

같이 놀며 더 친해지는 유쾌한 말

새 친구는 잘 사귀었니?

그렇다면 이제는 친구와 더 친해지는 방법이 필요하겠구나.

서로 믿고 의리를 지키는 좋은 친구가 될 수 있는

유쾌한 말을 알려 줄게.

잘 놀다 문제가 생겼을 때 사이가 나빠지지 않으려면

저런, 둘이 친하게 지내더니 어느새 갈등이 생겼구나. 이러다 사이가 멀어지면 어떡하지? 다툼이 생겼을 때 해결할 수 있는 말이 필요해.

1단계: 갈등의 원인이 무엇일까?

누가 먼저 문제를 일으켰다고 생각해?

① A의 말을 들어주지 않은 B.

② 먼저 화를 내며 공격한 A.

답을 찾기 전에 먼저 생각해 보자. 친한 친구끼리는 항상 의견이 같아야 할까? 당연히 아니야. 아무리 친해도 서로 의견이 다를 수 있지. 중요한 건 의견이 다를 때 어떻게 하면 좋을지 함께 의논해야 한다는 사실이야. 그럼 누가 먼저 화를 냈지? 맞아. 자전거가 타기 싫은 이유도 묻지 않고 대뜸 화부터 낸 건 문제가 있어.

2단계: 이유를 물으면 해결책이 생겨

다음부터는 친구와 의견이 다를 때 왜 그런지 이유를 물어봐.

A: 오늘은 같이 자전거 타자.

B: 아니야. 난 오늘 그냥 놀이터에서 놀고 싶어.

A: 그래? 자전거 타는 게 왜 싫어?

B: 지난번에 넘어져서 좀 다쳤어. 엄마가 이번 주에 타지 말래.

A: 아, 그랬구나. 좋아. 그럼 놀이터에서 놀자.

친구와 의견이 다를 때 가장 먼저 해야 할 일은 친구에게 그렇게 말한 이유를 물어보는 거야. 그래야 더 사이가 좋아질 수 있단다.

친구가 속상해할 때 위로해 주고 싶다면

친구가 기분이 안 좋아 보여서 걱정됐구나? 먼저 이유를 물어보다니 정말 잘했어. 이제 친구를 위로하는 말만 덧붙이면 되겠다.

1단계: 엄마한테 혼났을 때 어떤 말이 위로가 되었니?

혼나서 속상하지.	( )
너희 엄마 많이 무서워?	( )
나도 똑같이 혼난 적 있어.	( )
엄마가 널 사랑해서 그럴 거야.	( )

네 마음에 가장 크게 위로가 되었던 말을 친구에게 똑같이 해 주면 돼. 물론 친구의 마음은 너와 똑같지 않아서 크게 위로가 안 될 수도 있어. 그렇지만 말보다 더 위로되는 중요한 것이 있단다. 그게 뭔지 아니?

2단계: 나를 위로하려는 친구의 태도가 진짜 위로가 되지

맞아. 다정하게 나에게 관심을 가져 주고, 물어봐 주고, 공감해 주려 애쓰는 바로 그 태도가 가장 큰 위로가 되지. 그러니 무슨 말을 해야 할지 생각이 안 난다면, 그냥 친구에게 다정하게 대해 줘. 어깨를 다독여 줘. 그것만으로도 큰 위로가 된단다.

대화에서 말의 내용은 7%만 전달되지만, 목소리, 표정, 몸짓이 전달하는 의미는 93%나 된대. 다정하고 따뜻한 모습이 가장 중요한 이유야.

더 많은 친구와 함께 놀고 싶을 때

드디어 전수해 줄 때가 됐구나. 오래전부터 전해져 온, 누구나 함께 어울려 놀 수 있게 해 주는 신기한 노래를 말이야. 그게 뭔지 궁금하지?

1단계: "(   ) 놀이 할 사람 여기 여기 모여라."

(주먹 쥐고, 엄지손가락 들고)

"(   ) 놀이 할 사람~ 여기 여기 모여라~♪"

이렇게 노래를 불러. 너무 간단하다고? 이 노래는 그래서 더 신기한 노래야! 말 걸기 힘든 친구도, 외톨이로 지내던 친구도 함께 어울리게 만들어 주는 노래거든. 이렇게 말이야.

B: 그게 뭐야?

A: 놀고 싶으면 손가락 탑을 쌓아. 그리고 같이 노래해!

B: (탑을 쌓고 같이 노래) 지우개 싸움 할 사람~ 여기 여기 모여라~♪

C, D: (달려와 탑을 쌓으며) 나도! 나도!

2단계: 인원 제한이 있으면 어떻게 하냐고?

"할리갈리 할 사람~ 여기 여기 모여라~♪ 네 명이 필요해~ 여기 여기 모여라~♬"

이렇게 응용하면 돼. 놀이에 끼지 못한 아이는 어떻게 하냐고? 걱정하지 마. 이 노래의 힘은 한 사람이 시작하면 다른 아이도 쉽게 따라 해서 서로 하고 싶은 놀이로 모임이 만들어진다는 거야.

이 노래를 따라 불러 봐. 친했던 아이와는 더 친해지고, 어색했던 친구와도 새롭게 친해질 거야.

친구에게 도움이 필요할 때

친구를 도와줘야 할지 고민 중이구나? 좋은 마음이지만 불쑥 다가가면 친구가 당황할 수도 있으니 조심해. 고민될 땐 이렇게 말을 걸어 봐!

1단계: 도움도 주고 더 친해질 수 있는 말

한번 생각해 봐. 친구가 책을 들고 있는데 네가 갑자기 책을 잡으면 어떨까? 친구는 놀라서 책을 떨어뜨릴 수도 있어. 수학 문제가 안 풀려 짜증 나는데 "이건 이렇게 푸는 거야."라고 먼저 설명해 버린다면 어떨까? 친구는 네가 잘난 척한다고 오해할 수도 있고, 스스로 해결할 기회를 빼앗긴 것 같아 기분이 나쁠 수도 있어. 그러니 먼저 이렇게 물어봐야 해.

"내가 좀 도와줄까? 필요하면 말해."

2단계: 친구가 거절해도 실망하지 마

이렇게 물었을 때 친구가 항상 받아들이는 건 아냐.

'도와준다는데 왜 거절해?'라는 생각이 들 수도 있어. 하지만 눈을 감고 친구의 입장을 상상해 봐. 친구에게 폐를 끼치고 싶지 않거나, 자기 힘으로 해결하고 싶기 때문일 수도 있어. 중요한 건 진짜 좋은 친구는 친구의 의견을 존중해 준다는 거야. 만약 친구가 기꺼이 네 도움을 받았다면 이렇게 말해 줘.

"너에게 도움이 돼서 나도 기뻐. 고마워. 친구야."

가장 중요한 건 친구의 입장을 존중하는 거야. 서로의 생각을 존중하고 도움을 주고받을 때 더 좋은 친구로 성장할 수 있어!

내가 하기 싫은 걸 친구가 하자고 할 때

내가 하기 싫은 걸 친구가 하자고 할 때 어떻게 말해야 할까?
내 마음을 표현하는 말을 알려 줄게. 나만 믿고 순서대로 따라와!

1단계: 내 마음을 살펴보기

그 친구가 얄미울 거야. 다른 친구들이 그 친구 말만 들으니 서운한 마음도 들 거고. 이럴 땐 솔직한 감정을 말하는 게 중요해. 그래야 친구들도 네 의견을 들어줄 수 있어. 단, 친구가 얄밉다고 해서 "넌 정말 얄미워!"라고 말해선 안 돼. 싸움만 날 거야. 부정적인 마음은 나중에 저절로 사라질 테니, 우선 마음 상자에 담아 둬. 그리고 다음의 세 가지를 먼저 정리해 보자.

감정	감정을 느낀 이유	원하는 것
서운해	어제도 네가 원하는 걸 해서	놀이를 가위바위보로 정하기

2단계: 야무지게 내 마음을 말하기

말하기 전에 한 가지 생각할 게 있어. 그 친구가 한 번이라도 네 의견에 동의한 적이 있니? 만약 있다면 '맨날', '또' 같은 단어는 쓰지 말아야 해. 내 마음을 말할 때는 정확한 사실을 근거로 말해야 한다는 걸 기억해. 이제 말을 완성해 보자.

어제 네가 원하는 걸 했잖아. 오늘도 그러니까 서운해.
난 할리갈리 하고 싶어! 가위바위보로 정하는 건 어때?"

이대로 말한다면 거절하는 친구는 거의 없을 거야.
단, 따지듯 말하지 말고 천천히 차분히 말해야 해.

Chapter 3

고마울 때, 진정한 친구가 되는 감사의 말

학교생활을 하다 보면
친구에게 고마울 때가 있을 거야.
그럴 때 고맙다는 표현만 잘해도 진정한 친구가 될 수 있어.
고마움을 전하는 말 속에는
강력한 힘이 숨어 있기 때문이야.

친구가 준비물이나 학용품을 빌려줬을 때

친구가 연필을 기분 좋게 빌려주지 않아서 기분이 상했구나?
하지만 잘 생각해 봐. 내가 친구를 불편하게 한 건 아닌지 말이야.

1단계: 물건을 빌리는 상황에 미안함을 표현해 봐

내가 내 물건을 제대로 챙기지 않아 친구가 애써 준비한 학용품을 빌려야 하는 상황이네. 이런 상황은 친구를 많이 불편하게 하는 일이지. 그렇다면 그것에 대해 먼저 미안한 마음을 말해야 해. 그래야 친구의 불편한 마음이 해소되니까 말이야. 친구에게 빌려야 할 물건이 있다면, 이렇게 말해 봐.

"미안해. 내가 물건을 자주 빌려서 번거롭지?" "혹시 연필 좀 빌려줄 수 있어?"

"미안해." 이 한 문장을 덧붙이는 것만으로도 친구의 반응이 달라질 거야.

2단계: 짜증을 냈다는 것보다 물건을 빌려줬다는 사실에 고마움을 표현해 봐

친구가 짜증을 내기는 했지만, 분명 빌려준다고 말했지? 그렇다면 그 말에 고마움을 표현해야 해. 그래야 친구도 도와주는 일의 즐거움을 누릴 수 있으니 말이야. 그리고 한 가지 꼭 생각해 보아야 해. 친구는 어떻게 이렇게 준비물을 잘 챙길 수 있었을까?

"연필 빌려줘서 고마워. 앞으로는 나도 너처럼 잘 챙겨 볼게."

"미안해", "고마워"는 진정한 친구가 될 수 있는 말이 분명해. 참, 친구에게 준비물 잘 챙기는 비법을 물어보는 것도 잊지 마!

친구가 날 기다려 줬을 때

이런, 친구와 놀기로 약속했는데 숙제를 다 못 했구나.
이럴 때 어떤 말을 해야 친구와 계속 사이좋게 지낼 수 있을까?

1단계: 친구 말에 기분이 나빠졌다면

친구가 너에게 화내거나 잔소리하는 것 같아 기분이 나쁘니? 만약 그렇다면 그건 네가 핵심을 보지 못해서 그래. 친구의 말에 화가 나는 건 친구가 나를 놀리거나 비난하기 때문인데, 이 상황에서 친구는 널 비난하고 싶은 게 아니거든.

친구가 진짜 바라는 건 뭘까? 그건 바로 너와 함께 노는 거야. 너와 못 놀게 될까 봐 초조해하고 있는 게 느껴지니? 느껴진다면 이제 이렇게 말해 봐.

"걱정하지 마. 내가 집중해서 번개처럼 빠르게 숙제를 끝내 볼게. 20분만 기다려 줘!"

2단계: 기다려 주는 친구에게 꼭 해야 할 말

친구가 너를 기다려 준다니 정말 고맙지? 바로 그 마음을 말로 표현하는 것이 중요해. 이렇게 말해 보자.

"기다려 줘서 정말 고마워! 넌 나의 베스트 프렌드야. 다음엔 숙제를 미리미리 해서 이런 일이 없게 할게."

약속에 늦는 친구를 기다린다는 건 쉬운 일이 아니야. 친구의 마음에 고마움을 표현한다면 정말 찐한 우정을 나누는 친구 사이가 될 거야.

친구가 날 위로해 줄 때

수업 시간에 선생님께 혼이 나서 너무 창피하고 당황스러웠겠다.
그래도 친구의 위로가 큰 힘이 됐지? 어떻게 고마움을 표현할 수 있을까?

1단계: 위로의 말에 무슨 생각이 떠올랐니?

아마, 지금 겪는 일이 그렇게까지 큰일이 아니고, 앞으로 내가 조심하면 될 거라는 생각에 안도감이 들었을 거야. 이렇게 친구가 해 주는 적절한 말은 나의 감정을 진정시키고, 앞으로 더 나은 행동을 하는 데 도움이 돼.

위로의 말을 해 준 친구에게 고마움을 느꼈다면 쉬는 시간에 친구에게 꼭 이렇게 말해.

"그렇게 말해 줘서 고마워. 진짜 위로가 됐어."

2단계: 위로의 다독임이 너무 좋았지?

만약 친구가 아무 말도 하지 않고 어깨만 다독여 주었다면 어땠을까? 그래도 큰 위로가 되었을 거야.

위로는 꼭 말로 해야만 전달되는 게 아니야. 다정하고 따뜻한 마음은 몸짓만으로도 전달돼. 친구가 전해 준 위로의 다독임을 잊지 마.

내가 받은 위로를 다른 친구에게 전달해 봐. 위로의 두 가지 공식만 기억하면 돼. ❶ "괜찮아? 힘내!"라고 말하기 ❷ 어깨를 다독여 주기

친구가 도움을 주었을 때

지금까지 친구들에게 도움받은 적이 몇 번이나 되니? 세어 본 적은 없지만 분명 많을 거야. 그렇다면 고맙다고 말한 적은 몇 번이나 있니?

1단계: 감사 노트를 만들어 봐

감사 노트를 만들어서 친구에게 고마운 일을 매일 세 가지씩 적어 봐. 이렇게 말이야.

○월 ○일 ○요일의 감사 노트

1. ○○(이)가 지우개를 빌려줌.
2. 내가 발표할 때 박수를 크게 쳐 줌.
3. 넘어지려고 할 때 옆에서 잡아 주었음.

노트에 적는 일들은 이렇게 소소한 것일수록 더 좋아. 그래야 고마운 일들을 놓치지 않고 기억했다가 친구에게 표현할 수 있어.

2단계: 할 말이 없을 때 대화 주제로 사용해

친구랑 무슨 말을 해야 할지 모를 때가 있지? 좀 어색할 때 말이야. 그럴 때 친구에게 고마운 점을 떠올려서 대화를 이어가 봐.

"참, 전에 네가 자를 빌려줘서 고마웠어."

이렇게 고마웠던 일을 이야기하면 친구와 더 편해지고 가까워질 수 있어. 친구 관계가 좋아지는 매우 강력한 말이야.

그거 아니? 고마움을 잘 표현하는 사람은 몸도 건강하고, 자기 할 일도 잘한다는 걸. 왜냐고? 고마움을 표현하면 행복을 더 많이 느끼게 되거든!

친구와 함께 감사한 일을 찾아봐

최근 네가 감사하게 느낀 사람 16명을 적어 봐. 어때?
16명이 너무 많다고? 그렇다면 쉽게 감사한 일을 찾는 비법을 알려 줄게.

#1단계: 오늘 만난 모든 이에게 감사한 일 한 가지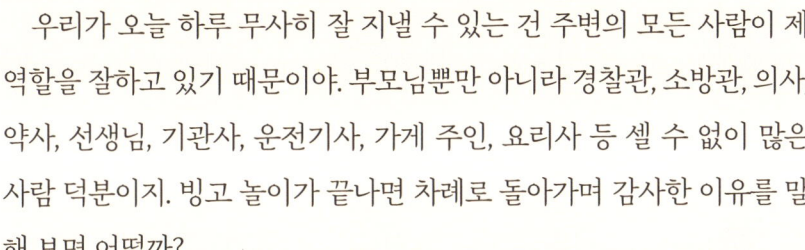

우리가 오늘 하루 무사히 잘 지낼 수 있는 건 주변의 모든 사람이 제 역할을 잘하고 있기 때문이야. 부모님뿐만 아니라 경찰관, 소방관, 의사, 약사, 선생님, 기관사, 운전기사, 가게 주인, 요리사 등 셀 수 없이 많은 사람 덕분이지. 빙고 놀이가 끝나면 차례로 돌아가며 감사한 이유를 말해 보면 어떨까?

"엄마, 아침에 다정하게 깨워 주셔서 감사해요"

"아빠, 보드게임 함께해 주셔서 고마워요"

"조리사님, 맛있는 급식을 만들어 주셔서 감사합니다"

#2단계: 사람 외의 존재에 감사한 마음을

우리가 고맙게 여겨야 할 대상이 많지 않니? 아직 잘 모르겠다고? 그렇다면 이렇게 생각해 보자. 공기, 산소, 해, 달, 별, 바람, 나무, 산, 바다, 소금, 물, 이 중에 하나라도 없다면 어떨까? 음식, 옷, 집, 전기, 책상, 의자, 가방, 연필, 종이, 책, 스마트폰이 없다면 어때? 걸레조차도 없으면 안 되는 고마운 물건이지. 어때? 이제 16칸 빙고가 아니라 100칸 빙고도 거뜬히 채울 수 있겠지?

하루에 한 번 이상 누군가에게 고맙다는 말을 해 봐.
스트레스와 불안이 줄어드는 건 물론이고 공부까지 잘될 거야.

Chapter 4

미안할 때, 진심을 전하는 사과의 말

놀다 보면 친구한테 실수할 때가 많아.
그럴 때 진정한 사과가 얼마나 중요한지 아니?
한마디만 말해도 진심이 통하는
사과를 해 봐.

사과해야 하는데 말이 나오지 않을 때

이런! 친구의 필통을 실수로 바닥에 떨어뜨렸네? 그런데 친구가 화를 내니 나도 모르게 뻔뻔하게 말했어. 이럴 땐 어떤 말이 필요할까?

1단계: 내 잘못을 스스로 인정해야 해

친구가 조심하라고 소리치자마자 "어쩌라고!"라는 말이 튀어나온 이유는 뭘까? 어쩌면 넌 마음속으로 '이 정도 실수는 괜찮다'라는 생각을 하고 있었던 건지도 몰라.

자기 물건을 누군가 떨어뜨리면 당연히 기분이 나쁠 수 있어. 그러니 먼저 마음속으로 내 잘못을 인정해야 해.

'실수였지만 그래도 필통을 떨어뜨린 건 내 잘못이야.'

이렇게 생각하는 게 먼저야.

2단계: 친구가 화를 내더라도 사과해야 해

만약 필통이 부서졌다면 당연히 새로 사 줘야겠지. 하지만 그보다 먼저, 마음이 상했을 친구에게 진심을 담은 사과부터 해야 해. 사과를 제대로 하면 화가 난 친구의 마음도 풀리고 친구 관계도 예전처럼 돌아올 수 있을 거야.

"내가 실수했어. 정말 미안해. 다음엔 조심할게."

"혹시 부서졌으면 내 용돈으로 다시 사 줄게."

교실 안의 일은 다른 친구들도 모두 지켜본단다. 친구들이 너를 좋은 친구라고 생각하도록, 실수했을 때에는 바로 사과하는 습관을 들이자!

싫은 걸 참고 겨우 사과했는데 친구들이 받아주지 않을 때

'친구끼리 별명 좀 부를 수도 있지'라는 생각은 위험해. 친구에게는 기분 나쁜 말일 수 있거든. 이럴 땐 당연히 진심을 담아 사과해야겠지?

1단계: 사과에서 진심이 안 느껴진다는 말을 들었다면

입장을 바꿔 생각해 봐. 만약 누가 나에게 뚱땡이, 말라깽이, 멍청이라고 부르면 기분이 어떨까? 그것도 친구들이 모두 있는 곳에서? 괜찮다는 억지는 부리지 마. 이런 말을 듣고 기분이 좋은 사람은 없으니 말이야. 내가 한 말이 친구에게 어떻게 느껴질지는 이렇게 입장을 바꿔 생각해 보기만 해도 쉽게 알 수 있어.

2단계: 진심을 담아 사과해

친구의 기분이 어떨지 알았다면 이제 진심을 담아 사과해 보자. 어떻게 말해야 할지 모르겠다면 이렇게 말해 봐.

"미안해, 난 그냥 재밌게 놀리려고 그랬어."

"기분 나빴다면 정말 미안해. 앞으론 그런 별명 안 부를게."

"우리 다 같이 자기가 별명 만들어서 서로 부르면 어떨까?"

"아니면 서로 별명 지어 주고 마음에 드는 걸 고르는 건 어때?"

이름으로 놀림이 너무 심하다면, 이름의 의미와 개명에 대해 부모님과 의논해 봐. 네가 괴롭다면 진지하게 생각하실 거야.

내가 뒷담화한 걸 친구가 알게 되었을 때

내 뒷담화를 일러바친 친구가 원망스럽니? 하지만 말은 원래 여기저기 옮겨 다니게 되어 있어. 중요한 건 네가 뒷담화를 먼저 시작했다는 사실이야.

1단계: 나의 잘못을 인정해, 비겁한 변명은 하지 마

'이게 다 내 뒷담화를 일러바친 걔 때문이야!'라는 생각은 변명인 데다 남 탓하기에 불과해. 어쩌면 함께 뒷담화를 했던 친구도 너의 말에 얼떨결에 동조하고 나서 불편한 마음에 당사자에게 고백한 것일 수도 있어. 친구가 말을 옮겼다는 사실보다 중요한 건 네가 뒷담화를 했다는 사실이야. 혹시 당사자가 잘못한 게 있다면 뒤에서 욕하는 게 아니라, 당사자에게 직접 말해야 해. 그러니 비겁한 변명은 하지 말고, 너의 잘못을 인정해.

2단계: 이제 진심으로 사과할 차례야

어떻게 사과해야 친구의 마음이 풀릴까? 이것도 어렵지 않아. 앞에서 배운 대로 진심을 전하면 돼.

"너 없는 자리에서 네 욕을 했던 거 정말 미안해.
앞으로는 절대 뒷담화를 하지 않을게.
혹시 불편한 게 있으면 직접 이야기할게.
너랑 다시 친하게 지내고 싶어."

친구의 행동에 불편한 마음이 들 수 있어. 직접 말해도 잘 고쳐지지 않을 때는 마음을 담은 편지를 쓰거나, 혼자만의 일기장에 적어 봐.

나 때문에 우리 팀이 진 것 같아 괴로울 때

미안한 마음에 축구를 그만두고 싶을 정도로 괴로울 수 있어.
하지만 절대 그러지 마! 실수를 만회하고 용기를 얻을 수 있는 말을 알려 줄게.

1단계: 잘못했다는 생각에 너무 괴롭다면

부정적인 감정에만 빠져 있으면 차라리 축구를 그만두는 게 낫겠다는 엉뚱한 생각이 떠오를 수 있어. 이럴 땐 그 감정에서 벗어날 수 있도록 내가 나에게 용기를 북돋는 말을 해 줘야 해.

"도망가고 싶은 마음이 들지만, 포기하면 안 돼."

"다음엔 더 잘할 수 있어."

2단계: 상상 기법이 변화를 가져올 거야

다음엔 잘하겠다고 마음먹었다면 꼭 해야 하는 준비 과정이 있어. 바로 상상 기법이야. 내가 실수했던 장면을 떠올려 봐. 그때 내가 어느 쪽의 누구에게 패스하면 좋았을까? 이렇게 그 장면에서 패스하는 내 모습을 상상하는 거야. 다음 순서대로 상상해 보자.

나의 공을 받은 친구가 멋지게 골대로 공을 차는 모습,

그리고 멋지게 골인하는 모습,

우리 팀이 모두 얼싸안고 신나게 펄쩍펄쩍 뛰는 모습

어때? 저절로 기분이 좋아지지? 이렇게 상상하면 다음엔 공이 왔을 때 지금보다 잘 판단하고 행동할 수 있을 거야.

실수하고 너무 부끄러워서 그만두고 싶을 때마다 상상 기법을 활용해 봐. 저절로 용기가 불쑥 솟아날 거야. 힘내!

사과에는 공식이 있어

사과에는 좋은 사과와 나쁜 사과가 있어. 어떻게 하면 제대로 사과할 수 있을까? 마지막으로 '사과의 공식'을 알려 줄게.

1단계: '사과의 공식'을 배워야 해

사람은 누구나 실수를 하며 살아. 그래서 사과해야 할 상황도 많지. 실수하는 게 무조건 나쁜 것만은 아니야. 실수와 사과의 과정을 통해 서로가 함께 성장할 수 있고, 친구 관계도 더 끈끈해질 수 있거든. 그럼 어떻게 해야 제대로 사과할 수 있냐고?

어렵지 않아. 앞으로는 '사과의 공식' 세 가지만 기억하도록 해.

① 나의 잘못을 인정하기
② 친구의 마음에 공감하기
③ 진심이 담긴 사과와 다짐의 말 하기

2단계: 공식대로 사과의 말 하기

실수로 친구의 물건을 망가뜨렸다거나, 친구를 놀려서 친구가 기분이 상했다면 앞에서 배운 대로 이렇게 사과의 말을 건네 봐.

① 내가 잘못했어. 진심으로 미안해.
② 나 때문에 많이 속상했지. 기분 나빴지?
③ 앞으로 그런 일 없을 거야. 약속할게.

먼저 사과하면 지는 거라고 생각하니? 당장 그런 생각은 버려! 잘못을 인정하고 먼저 사과할 줄 안다면 친구들과 늘 사이좋게 지낼 수 있을 거야.

Chapter 5

약속을 잘 지킬 수 있는 믿음직한 말

친구와 놀다 보면 크고 작은 약속을 하게 돼.
때로는 약속 때문에 다투게 되기도 하지.
어떻게 하면 약속을 잘하고 잘 지킬 수 있을지
알려 주는 말이 필요해.

친구가 약속을 어겼을 때

친구는 약속에 늦은 걸까? 친구에게 화가 난다거나 한마디 해 주고 싶은 생각이 든다면, 잠깐 멈춰서 친구의 입장을 다시 생각해 보자.

1단계: 친구가 어떤 상황인지 생각해 보기

'학원 끝나고 집에 오면 7시라고 했지. 집에 오자마자 씻고 줌을 켜서 들어오려면 아무래도 시간이 걸릴 거야.'

어때? 이렇게 생각하니 친구가 5분 만에 들어온 건 정말 서두른 거라는 생각이 들지 않니? 이렇게 입장을 바꿔 생각하면 친구의 상황이 금방 이해될 거야.

그럼 이제 친구에게 무슨 말을 해 주면 좋을까?

2단계: 내가 친구라면 어떤 말이 듣고 싶을까?

만약 네가 친구라면, 5분 늦게 들어 온 너에게 친구들이 어떤 말을 해 줬으면 좋겠니? 네가 듣고 싶은 바로 그 말을 친구에게 해 주렴. 친구가 그 말을 들으면, 정말 고마운 마음이 들 거야. 그리고 너를 정말 좋은 친구라 여기게 될 거야.

"시간 맞추려고 헐레벌떡 뛰어 왔겠네. 수고했어."

"더 많이 늦지 않아서 다행이야. 우리가 기다리고 있었어."

친구가 약속을 지키려고 노력한 모습을 좋게 봐 주자. 참, 다음번에는 이런 상황을 예상해서 약속 시간을 7시 10분으로 잡으면 더 좋겠지?

약속을 취소해야 할 때

약속을 취소하는 건 충분히 있을 수 있는 일이야. 그렇다고 화를 내면 서로 기분만 상할 뿐이지. 그렇다면 이럴 때는 어떤 말을 하면 좋을까?

1단계: 사과 먼저 하기, 그리고 상황 설명하기

'약속을 취소하게 됐다면 꼭 이유를 제대로 말해야 해. 그래야 친구도 나를 이해하고 좋은 친구 사이를 유지할 수 있어. 친구 입장에서는 당황스러운 게 당연하니까 ① 우선 사과하기 ② 상황을 설명하기 ③ 내 감정 말하기 이 순서대로 친구에게 말해 봐.

"정말 미안해. 엄마가 숙제도 하고 학원도 가야 하니까 약속은 취소하래. 나도 엄청 속상하다."

2단계: 친구와 함께 다음 계획을 세워 봐

내가 갑자기 약속을 취소하면 친구는 혹시 자기를 싫어하게 된 건 아닌지 걱정하기도 해. 그러니 사과와 함께 다음 약속을 계획해 봐. 그러면 친구 관계도 더 탄탄해질 거야. 이렇게 말해 봐.

"목요일에는 숙제가 없어서 만날 수 있어. 너는 어때? 이번에는 엄마한테도 미리 허락받을게."

"그래, 그날은 꼭 같이 떡볶이 먹자!"

약속을 취소해야 할 때 이렇게 말하면 친구의 속상한 마음도 충분히 해소될 거야. 다음 약속을 미리 계획하는 것도 잊지 마!

내가 한 약속을 못 지켰을 때

친구들이 내게 '맨날', '자주' 약속을 어긴다고 말한다면 그건 친구 관계가 위험하다는 경고야. 어쩌지? 이럴 때 필요한 말은 뭘까?

1단계: 고마운 점을 먼저 말해

당연히 사과도 해야겠지만, 우선 먼저 가지 않고 날 기다려 준 친구들에게 고마운 마음을 먼저 말해. 그래야 기다리느라 힘들었던 친구들의 마음이 더 빨리 풀릴 수 있어. 이렇게 말해 봐.

"기다려 줘서 정말 고마워. 너희가 없을까 봐 엄청 걱정했어. 조금이라도 더 빨리 오려고 막 달려왔어!"

2단계: 이제 사과를 하고, 늦은 이유를 설명해

고마운 마음을 전했으니 이제 사과를 하자. 그리고 친구들에게 늦게 온 이유를 말해 줘. 이때 중요한 건 친구들이 너의 상황을 바로 이해할 수 있게 핵심만 간단히 말하는 거야.

"엄마가 마트에 갔다가 늦게 오셨어. 집에 동생만 혼자 두고 나올 수가 없었어. 정말 미안해."

어때? 친구들도 이 말을 들으면 너의 상황을 이해해 줄 거야.

그렇다고 늦은 이유를 거짓말로 설명해서는 안 돼. 솔직한 이유와 진심 어린 사과를 전한다면 친구들도 널 이해해 줄 거야. 할 수 있겠지?

약속을 어긴 친구와 싸웠을 때

대화가 이상한 데로 흘러가는 게 보이니? 약속을 어긴 친구에게 사과를 받고 싶었는데 이상하게 싸움이 되어 버렸어. 이유가 뭘까?

1단계: 두 가지를 구분해 보자

① 친구를 비난하기
② 기다리며 속상했던 마음을 표현하기

둘 중에 어떤 말을 해야 친구가 사과도 하고, 앞으로 약속을 잘 지킬까? 정답은 당연히 ②번이야. 속상한 마음에 친구를 비난하면 친구는 방어하려고 오히려 공격적인 말을 하게 되니 말이야.

"어제 혼자 너를 기다리느라 힘들었어. 너랑 놀고 싶었는데 못 논 것도 속상하고."

2단계: 궁금증을 가져 보자

그래도 친구에게 원망스러운 마음이 든다면 다르게 생각해 보자. 친구는 왜 약속을 어길 수밖에 없었을까? 이유가 있지 않을까? 좋은 친구라면 친구에게 사정이 있었을 거라는 걸 믿고 걱정하는 마음을 갖는 게 중요해. 그 마음을 표현했을 때 친구는 너를 정말 좋은 친구라고 생각하게 될 거야.

"어제 무슨 일 있었어? 네가 안 나와서 걱정했어. 네가 이유가 있었겠지. 이유를 말해 줄 수 있어?"

이대로 따라 해 봐. 친구는 너의 말을 듣고 분명 진심으로 사과도 하고, 다음에는 약속을 잘 지키겠다고 말할 거야.

분위기에 휩쓸려 못 지킬 약속을 해 버렸을 때

이렇게 분위기에 휩쓸려 충동적으로 약속을 해 버리면 엄청 난감하지. 지키지 못할 약속이니 말이야. 이럴 땐 약속을 취소할 용기가 필요해.

1단계: 잘못된 약속을 취소하는 용기

누구나 충동적으로 약속할 때가 있어. 혹시 너도 이런 경험이 있니? 그렇다면 앞으로 잘못된 약속은 취소할 줄도 알아야 해. 먼저 약속을 취소하는 건 쉬운 일이 아니지만, 지키지 못할 약속을 취소하는 건 오히려 용감한 일이라는 걸 기억해. 이렇게 말해 봐.

"어제 내가 돈을 빌려주겠다고 한 말은 지킬 수가 없어. 충동적으로 약속해서 미안해."

2단계: 친구 사이에 돈거래는 바람직하지 않아

학교 앞 편의점에서 아이스크림이 너무 먹고 싶거나 문구점에서 당장 사고 싶은 물건이 있을 때가 있지. 반대로 친구가 그런 마음으로 내게 돈을 빌려달라고 할 수도 있고 그럴 때 어떻게 말해야 할지 고민된다면 돈거래에 대한 생각을 미리 정리하는 게 좋아.

돈에 대한 기본적인 원칙은 '친구와 돈거래는 하지 않는다'야. 돈을 빌려달라는 친구의 부탁을 거절하기 어려울 땐 부모님 이야기를 하며 거절하면 돼. 부모님께 말씀드리는 것도 잊지 마.

"부모님이 돈거래는 절대 하지 말라고 했어."

친구가 뭐라 할 수도 있지만, 이럴 땐 비난을 감수하는 용기도 필요해. 이런 경험을 통해 충동적으로 약속하는 일도 조심하게 될 거야.

Chapter 6

거절하고 싶을 때 쓸 수 있는 똑 부러진 말

거절하면 친구가 날 싫어하게 될까 봐 걱정되지?
하지만 제대로 거절할 줄도 알아야
더 좋은 친구 사이가 될 수 있어.
거절해도 친구와 친하게 지낼 수 있는
똑 부러진 말을 알려 줄게.

물건을 빌려달라는 친구의 부탁을 거절하고 싶을 때

친구의 부탁은 반드시 들어줘야 하는 걸까? 잘 생각해 봐. 거절하는 건 잘못이 아니야. 거절하고 싶은 마음을 잘 표현하는 방법만 알면 돼.

1단계: 얼마만큼 들어줄 수 있는지 말해 줘

들어주기 싫은 부탁을 하는 친구를 비난하거나 원망할 필요는 없어. 내가 불편하면 얼마든지 거절해도 돼. 단, 완전한 거절이 아니라면 얼마만큼 들어줄 수 있는지를 분명히 말해 줘.

"테이프가 얼마만큼 필요한데? 조금만 쓴다면 빌려줄 수 있어."

이렇게 먼저 말하면, 친구도 신경 써서 테이프를 조금만 쓸 거야. 친구가 새 지우개를 빌려달라고 한다면 어떻게 말할까?

"새 지우개라 오늘은 빌려주기 어려워. 내일 빌려줄게."

2단계: 완전히 거절해야 하는 상황이라면?

돈, 자전거, 스마트폰 같은 물건은 함부로 빌려주지 않는 게 좋아. 앞에 말한 물건들은 친구에게 함부로 빌려줬다가 잃어버린다거나 다치는 일이 생기면 어른들에게 도움을 요청해야 하거든. 그런 일이 생기지 않으려면 처음부터 잘 거절해야 해.

"아빠가 친구 사이에 돈은 빌려주지 않는 거래. 그래서 나도 목마를 때 참았어."

"엄마가 자전거는 빌려주지 말라고 했어. 혹시 타다가 다치면 서로 곤란해진다고 말이야."

거절의 첫 마디가 어렵다면, 먼저 "어떡하지? 어려울 것 같아."라고 말해 봐. 그다음 이유를 설명하면, 친구도 너의 마음을 존중해 줄 거야.

친구가 새치기를 할 때

친구가 새치기를 할 때, 속상해하지 않고 용기 내 주의를 주려면
어떻게 말하는 게 좋을까?

1단계: 한 명이 새치기를 하면 여럿이 피해를 봐

새치기를 허용해 주면 나뿐만 아니라 내 뒤에 선 여러 명의 친구들이 함께 피해를 보게 돼. 그러니 혼자만 거절해야 한다는 부담을 내려놓고 이렇게 말해 봐.

"뒤를 봐. 몇 명이 기다리고 있니?"

"우리 모두 한참 기다렸어."

"줄 서서 순서대로 하자."

아마 뒤에 선 다른 친구들이 너에게 고마워하고 있을 거야. 그러니 용기를 내어 새치기를 거절해도 돼.

2단계: 거절했다가 피해를 당할까 봐 걱정되니?

혹시 친구의 새치기를 거절했다가 친구가 너에게 앙심을 품거나 원망하는 감정을 가질까 봐 걱정되니?

이런 걱정은 하지 않아도 돼. 왜냐면 새치기를 하는 행동은 잘못된 행동이고, 너는 잘못된 행동을 거절한 것뿐이니까. 친구가 그것 때문에 널 싫어하게 된다면, 그렇게 생각하는 친구의 생각이 잘못된 것이니 마음에 담아 두지 않아도 돼.

올바른 친구라면 마음이 급해 새치기를 했다가도, 잘못을 제대로 짚어 주는 친구의 말을 들으면 '아차, 내가 잘못했구나'라고 깨달을 거야.

친구가 싫어하는 장난을 자꾸 칠 때

친구들은 왜 이렇게 싫어하는 장난을 계속 칠까? 서로 즐거운 장난이면 상관없지만, 기분이 나쁘다면 친구에게 내 마음을 말해 줄 필요가 있어.

1단계: 상대가 싫어하는 장난은 괴롭힘이야

장난의 기본은 장난을 치는 사람과 받아들이는 사람이 모두 즐거워야 한다는 점이야. 그렇지 않고 상대방이 싫어하는 장난은 괴롭힘이라는 걸 분명히 말해 줘야 해.

"하지 마. 말할 때 때리지 마."

"반칙하는 아이랑은 놀고 싶지 않아."

"넌 재미있어 보이네. 난 괴로워. 이건 장난이 아니라 괴롭힘이야."

2단계: 진짜 재미있게 노는 법을 알려 주는 거야

어쩌면 친구는 상대를 괴롭히지 않고 노는 방법을 모르는 것일 수도 있어. 그러니 규칙을 지키며 재미있게 노는 방법을 가르쳐 주자. 자꾸 몸을 건드리는 아이에게는 눈에 보이지 않는 경계선을 알려 줘. 그리고 반칙하는 아이에게는 변형 가위바위보나 다른 놀이를 제안하는 거야. 이렇게 말해 볼까?

"여기 투명 선이 있어. 말할 때 이 선을 넘어오면 지는 거야."

"지는 가위바위보(두 손 가위바위보, 발로 하는 가위바위보) 하자."

"우리 스무고개 놀이 할래? 내가 문제를 낼게."

자꾸 장난을 치는 아이는 친구와 재밌게 노는 방법을 아직 배우지 못한 걸지도 몰라. 함께 즐겁게 노는 방법을 알려 주고 재미있게 놀아 볼까?

뒷담화와 따돌림을 거절하고 싶을 때

다른 친구의 뒷담화를 하며 따돌림을 시작하는 아이들이 있어. 그게 바로 학교 폭력이지. 뒷담화의 늪에 빠지지 않으려면 어떻게 해야 할까?

1단계: 맞장구치지 않고 말을 멈추기

"음…"이라고 대답한 작전은 매우 훌륭해. 친구의 말에 맞장구치지 않고 일단 말을 멈추었으니 말이야. 그래야 뒷담화에 동조하지 않고, 생각할 시간을 벌 수 있어. 친구가 다른 아이의 뒷담화를 시작하면 일단 말을 멈춘 다음, 이렇게 대답하는 거야.

"아, 그런 생각이 들었구나."
"글쎄? 난 잘 모르겠어."
"민준이가 되게 긴장하는 것 같았어."

2단계: 민준이 입장에서 생각해 보기

뒷담화에 넘어가지 않는 가장 중요한 방법은 민준이의 입장에서 생각하는 거야. 민준이가 발표할 때 말을 더듬고 목소리도 작은 이유는 너무 긴장했기 때문이겠지. 이 점을 이야기하면서, 발표할 때 실수했던 너의 경험도 같이 이야기해 봐. 그러면 먼저 뒷담화를 시작했던 친구도 당황해서 말을 멈추게 될 거야.

"그래도 민준이가 전보다는 나아진 것 같아. 선생님도 그래서 시키는 게 아닐까? 나도 처음엔 발표를 못했는데 연습하다 보니 나아졌거든."

다른 친구의 흠을 자주 보는 아이는 언젠가 내 뒷담화도 하게 될 거야. 그러니 사이가 멀어질 것을 걱정하지 말고, 용기 내어 말해 봐.

놀기 싫은 친구가 자꾸 같이 놀자고 할 때

별로 친하지 않거나 같이 있으면 불편한 친구가 내게 다가올 때,
거절하기도 받아들이기도 애매하지? 이럴 땐 어떻게 말해야 할까?

1단계: 그 친구가 불편한 이유

어떤 친구를 대할 때 '싫다', '짜증 난다'라는 느낌이 든다면 그건 그 친구의 어떤 점이 나를 불편하게 한다는 의미야. 그렇다면 친구의 무엇이 불편한지 먼저 잘 살펴봐야 해.

① 잘 몰라서
② 옷차림이나 청결 상태가 좋지 않아서
③ 말투와 행동이 거칠어서
④ 자기 마음대로만 하려고 해서 등등

2단계: 불편함을 없애고 안전거리 만들기

그 친구를 달라지게 하기는 어렵지만, 나의 불편함은 줄일 수 있어. 우선 내가 느끼는 불편함을 친구에게 말하고, 친구와 안전거리를 유지하는 것이 중요해. 만약 그 친구가 자기 마음대로 행동하는 게 불편했다면 이렇게 말해 봐.

"나는 네가 친구 의견도 들어주고 규칙을 잘 지키면 좋겠어."

"그러면 나도 너랑 놀고 싶어. 하지만 놀다가 규칙을 바꾸고 또 네 멋대로 하려고 하면 그만 놀 거야. 알겠지?"

이렇게 말하면 너는 무작정 친구를 거절하지 않아도 되니 다행이고, 친구도 자신의 행동을 고치기 위해 노력하게 될 거야.

Chapter 7

예의를 지키지 않는 친구에게 전하는 당당한 말

친구 사이에도 종종 예의를 지키지 않는
말과 행동을 하는 친구들이 있어.
친구가 무례한 행동을 할 때,
속 시원히 할 수 있는 당당한 말이 필요해.

묻지도 않고 내 물건을 쓸 때

저 친구는 정말 말썽꾸러기구나. 다들 불만이 있는 것 같은데, 어떻게 말해야 친구가 자기 행동이 잘못됐다는 걸 받아들일 수 있을까?

1단계: 내 마음을 제대로 살펴봐

내 물건을 그냥 가져다 쓰는 건 누구라도 불쾌한 일일 거야. 날 무시하는 것 같기도 하고 말이야. 이럴 땐 참지 말고 솔직하게 말해야 친구가 잘못을 깨달을 수 있어. 그 친구의 행동으로 내가 느낀 감정을 정확하게 말해 봐. 말하기 어렵다면 이렇게 정리해 보는 것도 좋아.

내가 느낀 감정	감정을 느낀 이유
불쾌감	내 물건을 뺏긴 것 같고 친구가 날 무시하는 것 같아서

2단계: 또박또박 내 마음을 말하는 거야

이제 내 마음을 말로 전달할 차례야. 직접 말하기 어렵다면 짧게 편지를 보내도 좋아. 중요한 건 시간이 걸리더라도 친구의 행동이 바뀔 수 있다는 믿음을 갖고 말하는 거야. 이렇게 하면 돼.

"내 물건을 허락도 받지 않고 가져가니까 꼭 뺏긴 것 같아서 불쾌해."

"너한테 무시당한 것 같아서 기분이 나빴어."

"사과해 줬으면 좋겠어. 그리고 다시는 그러지 마."

한번 따라 해 봐. 어렵지 않아. 감정을 솔직하게 말하고 나면 속이 후련해질 거야. 친구도 앞으로는 조심해서 행동할 거고!

내가 말하는데 자꾸 끼어들 때

친구들과 신나서 대화하다 보면 내 말이 끝나기도 전에 끼어드는 친구가 있어.
이때 싸우지 않고 차례를 지켜 말하려면 어떻게 해야 할까?

1단계: 대화를 공놀이라고 생각해 봐

셋이서 공놀이하는 장면을 상상해 봐. A가 가진 대화의 공을 B에게 주었어. 이제 B가 말할 차례야. 그런데 공을 가지고 있지도 않은 C가 말을 했으니 반칙이겠지? 친구끼리 대화하고 있을 때, 이렇게 대화의 공이 자기에게 오지도 않았는데 끼어들어 말하는 아이가 있다면 '옐로카드'를 보여 줄 필요가 있어. 이렇게 말이야.

"잠깐, 지금 내가 말하는 중이야. 내 말 끝나고 물어봐. 그럴 수 있지?"

2단계: 자기 차례에 말할 수 있게 기회를 주자

친구가 대화에 끼어드는 잘못을 했지만, 대뜸 잘못했다고 따지거나 비난하면 다투게 되겠지. 그러니 친구가 아직 대화하는 방법을 잘 배우지 못했을 뿐이라고 생각해 봐. 아직 배우지 않았으면 친절하게 방법을 알려 주면 돼. 이렇게 말해 봐.

"B야, 너는 놀이공원에 간 적 있어?"

"(대답을 듣고 나서) 아, 그렇구나."

"C야. 이제 네가 물어봐."

1단계의 공놀이를 게임으로 진행할 수도 있어. 종이에 입을 그려 '입 카드'를 만들고, '입 카드'를 가진 사람만 말하고 다른 사람들은 듣는 거야.

나에게 이래라저래라 참견할 때

도와주는 건 고맙지만, 도와주는 것과 참견하고 잘난 척하는 건 다른 일이지. 이럴 땐 뭐라고 말해야 친구와 싸우지 않고 해결할 수 있을까?

1단계: 참견하는 친구가 알아야 할 중요한 사실

누구나 스스로 해내고 싶은 법이야. 친구가 조금 더 잘 안다고 해서 도움을 요청하지도 않았는데 이래라저래라 말하는 건 참견에 불과해. 그러니 친구의 행동이 '도움'이 아니라 '참견'이라는 걸 정확하게 알려 줘야 해.

"멈춰. 이건 내가 해야 할 일이야. 나 혼자 하고 싶어."

"잘하든 못하든 내 힘으로 하고 싶어."

"도와주고 싶을 땐 먼저 '도와줄까?'라고 물어봐 줘."

2단계: 꼭 필요할 땐 친구에게 도와달라고 부탁해

사실 친구 말이 도움 될 때도 있어. 참견한 건 기분 나쁘지만, 친구가 맞는 말을 했을 수도 있잖아. 이럴 땐 솔직하게 도와달라고 말해 보는 것도 좋아.

"내가 하다가 어려우면 도와달라고 할게."

"어떻게 하는 건지 가르쳐 줄 수 있어?"

"내가 말하는 것만 도와줘."

이렇게 말하면 참견 잘하는 짜증 나는 친구가 아니라, 필요할 때 도와달라고 부탁할 수 있는 든든한 친구가 될 수 있을 거야.

친구가 거짓말을 자주 할 때

친구가 하는 말이 진짜인지 아닌지 의심될 때가 있어. 쉽게 친구를 의심해서는 안 되지만, 친구가 정말 거짓말을 자주 하는 거라면 어떨까?

1단계: 거짓말을 자주 하는 데에는 이유가 있어

초등학생 시기에 거짓말을 자주 하는 아이들에게는 반드시 이유가 있어. 이유를 알아야 적절한 대응이 가능해. 네 주변의 거짓말 자주 하는 친구는 다음 중 어떤 경우에 속하는 것 같니?

① 관심받고 싶어서 ③ 우월함을 드러내고 싶어서
② 무시당하고 싶지 않아서 ④ 친구들 반응이 재미있어서

어떤 이유든 거짓말을 멈추게 하려면 그 주제에 대해 더 이상 말하지 않는 게 좋아.

2단계: 솔직한 게 가장 멋있어

좋은 친구로 계속 남고 싶다면 솔직하게 말하는 게 가장 좋다는 사실을 알려 줘. 그리고 다른 친구가 부러워지는 말을 할 때는, 이렇게 말하는 걸 보여 줘. 먼저 솔직하게 말하면, 친구도 편안하게 솔직한 모습을 보여 줄 거야.

"난 솔직한 친구가 좋아."
"와! 좋겠다. 난 그런 거 없어. 너도 없지?"
"나도 가 보고 싶다. 너도 가 보고 싶지?"

혹시 거짓말하는 친구의 이야기가 네 이야기라면, 친구들에게 이렇게 말해봐.
"그랬으면 좋겠다는 말이었어. 미안. 이제 뻥치지 않을게."

친구가 나에게 욕을 했을 때

사소한 실수에도 화를 내고 욕부터 하는 친구가 있어. 사과도 했는데 욕까지 하다니. 이런 친구에게는 어떤 말을 해 줘야 할까?

1단계: 그 친구는 왜 사소한 일에 욕을 할까?

욕하는 아이에게도 나름의 이유가 있어. 어떤 이유일까?

① 부모님이 아이에게 욕을 하는 경우

② 화가 나면 감정 조절을 잘 못하는 경우

③ 욕을 해야 무시당하지 않고 힘이 세 보인다고 착각하는 경우

④ TV 나 유튜브를 보고 따라 하는 경우

⑤ 이 정도 욕은 해도 된다고 생각하는 경우

어떤 이유에서든지 친구는 욕을 해도 괜찮다고 생각하게 되었을 거야.

2단계: 친구가 욕하지 않게 만드는 방법

그렇다면 이제 욕하는 게 전혀 멋지지 않다는 걸 친구에게 말해 줘야겠지. 욕을 자주 하는 친구와 친하게 지내고 싶지는 않다는 마음을 명확하게 말해 주는 것이 중요해.

"네가 욕하지 않아도 네 마음 이해해."

"욕하지 말고 '다음엔 부딪치지 말아 줘.'라고 말해 주면 좋겠어."

"난 욕을 잘하는 애랑은 친구 하고 싶지 않아."

나도 모르게 욕이 나온다고? 그럴 땐 "앗, 실수했어. 취소야, 취소."라고 말하고 두 손으로 입을 막아. 그러다 보면 습관도 저절로 고쳐질 거야.

Chapter 8

친구가 나를 놀리거나 비난할 때 할 수 있는 지혜로운 말

친구가 장난스럽게 나를 놀릴 때마다 아무 말도 못 했니?
친구가 하는 말이 비난처럼 느껴져서 속상했다고?
그런 말에 상처받지 않고 대응할 수 있는
지혜로운 말을 알려 줄게.

내가 싫어하는 별명을 부르며 놀릴 때

친구들이 나를 별명으로 부를 때가 있어. 별명이 마음에 든다면 괜찮겠지만, 기분이 나쁘다면 친구들에게 너의 마음을 확실하게 말해야겠지?

1단계: 싫어하는 별명을 계속 부르는 건 언어폭력이야

"그만해", "선생님께 이를 거야"라고 말했는데도 효과가 없었다고? 아마 친구들이 별명 짓기를 그저 가벼운 장난으로 여겼기 때문일 거야. 그러니 싫어하는 별명으로 친구를 계속 부르는 건 언어폭력이라는 사실을 말해 줘.

"외모나 이름으로 별명을 짓고 놀리는 건 언어폭력이야."

"너희가 나한테 말한 내용을 모두 기록해 두었어."

"다시 또 별명을 부르면 학교 폭력으로 신고할 수밖에 없어."

2단계: 별명으로 불렸다고 이렇게까지 해야 할까

'그냥 장난인데 학교 폭력으로 신고까지 해야 할까?'

'괜히 신고했다가 다른 친구들에게도 따돌림을 당하게 되는 건 아닐까?'

이런 걱정이 생길 수 있어. 그런데 말이야. 너를 놀리는 친구는 다른 친구들에게도 비슷한 행동을 하지 않니? 여러 번 이야기했는데도 친구의 행동이 달라지지 않을 때는 스스로와 다른 친구들을 보호하기 위해 정해져 있는 규칙을 활용할 필요가 있어.

이건 친구를 자주 놀리는 친구들에게도 꼭 필요한 과정이야. 상대방이 싫어하는 행동을 계속하면 나중에는 더 큰 곤란한 일을 겪을 수 있거든.

내가 그린 그림을 보고 놀릴 때

보기만 해도 당황스러운 상황이지? 이럴 때 어떻게 해야 친구들의 행동을 멈추고, 친구들에게 내 마음을 전달할 수 있을까?

1단계: 내 마음을 살펴보기

친구들이 갑자기 몰려들 때 놀라고 당황했지? 생각할수록 화나고 미운 마음이 들 거야. 무엇보다 제대로 사과받고 싶을 거고. 그런데 진짜 사과를 받으려면 야무지게 말을 해야 해. 무조건 사과를 잘 받을 수 있는 말을 알려 줄게. 세 가지를 기억해.

내가 느낀 감정	감정을 느낀 이유
당황스러움	갑자기 놀리는 것 같아서

2단계: 야무지게 내 마음을 말하기

먼저 친구를 불러. 친구가 내 눈을 보면 그때 말하는 거야.

"○○아/야, 할 얘기가 있어."

"(나를 쳐다보면) 네가 내 그림이 웃긴다고 소리쳤을 때 너무 당황했어. 나를 놀리는 것 같았거든. 사과받고 싶어. 그리고 다시는 그러지 말아 줘."

화를 낼 필요는 없어. 차분히 말해야 더 효과가 있을 거야. 친구가 사과하면, "사과해 줘서 고마워"라고 말하는 것도 잊지 마!

내 마음을 솔직히 말하는 게 어렵지? 그럴 땐 혼자서 다섯 번만 먼저 연습해 봐. 그럼 실전에서는 훨씬 쉽게 말할 수 있을 거야.

시험 성적으로 잘난 척하며 놀릴 때

시험을 못 본 것도 속상한데 친구가 자기 점수를 자랑하면서 놀리기까지 하니 정말 얄밉고 속상하겠다. 이럴 땐 뭐라고 말해야 할까?

1단계: 공격을 받아도 걸려들지 않기

"너 몇 점이야?"라고 묻는 아이에게는 똑같이 되물어 줘. 시험 성적으로 놀리는 아이는 너의 점수가 궁금하다기보다 자기 점수를 자랑하고 싶은 마음이 큰 경우가 많거든. 이렇게 되물어 봐.

"넌 몇 점인데?"

이렇게 말하면 친구는 내 점수를 더 이상 묻지 않고 자기 점수를 자랑할 거야.

2단계: 선생님처럼 친구를 칭찬해 줘

"잘했네. 열심히 했구나."

이렇게 선생님처럼 칭찬해 줘. 내 점수를 말하지 않고 대화를 마무리할 수 있어. 그런데도 여전히 기분이 나쁠 수 있어. 그 이유가 뭔지 아니? 그건 바로 나도 좋은 점수를 받고 싶었기 때문이야. 한번 잘 생각해 봐. 친구의 놀림보다 더 중요한 건 내가 무엇을 원하는지 깨닫는 거니까 말이야.

앞으로도 친구가 성적을 자랑할 때마다 칭찬하는 방법을 써 봐.
친구의 말에도 주눅 들거나 상처받지 않을 수 있을 거야.

나 때문에 졌다고 비난할 때

이어달리기의 결과는 모두의 책임인데 한 명만 비난하다니! 억울해서 무슨 말이라도 해야겠어. 그런데 뭐라고 말하면 좋을까?

1단계: 최선을 다했다면 나 때문이라고 생각하지 마

우선 최선을 다했는지 자신에게 물어봐. 만약 대충 뛰었다면 비난받을 만하지. 하지만 최선을 다한 게 확실하다면 스스로 나 때문이라고 생각하면 안 돼. 시합에 져서 속상한 건 너도 마찬가지니까. 그러니 너의 마음을 친구들에게 이렇게 표현해 봐.

"나도 시합에서 져서 너무 속상해."

"나도 최선을 다했어."

"그래도 다음엔 달리기 연습을 좀 더 할게."

2단계: 다음엔 좀 더 효과적인 작전이 필요해

잘 달리는 아이, 못 달리는 아이가 모두 어울려 한 팀이 된 건 상대 팀도 마찬가지야. 우연히 네가 뛸 때 상대 팀에서는 잘 뛰는 아이가 배치된 것뿐이야. 그러니 다음엔 좀 더 좋은 작전을 짜자고 제안해 봐.

"이어달리기 순서를 정할 때는 스타트가 빠른 사람이 처음에 뛰고, 승부욕이 있는 사람이 마지막에 뛰도록 배치하는 게 좋대."

"이번에 내가 마지막에 뛴 게 실수였던 것 같아."

이렇게 먼저 새로운 작전을 제안하면 친구들도 비난하던 마음에서 앞으로 어떤 전략을 짤지 고민하는 마음으로 생각이 변하게 될 거야.

친구가 내 뒷담화를 하고 다닐 때

친구가 뒤에서 내 뒷담화를 했다는 걸 알면 당연히 화가 날 거야.
하지만 이럴 때일수록 흥분을 가라앉히고 차분하게 대화를 나눠야 해.

1단계: 따지기보다 더 중요한 말이 있어

왜 뒷담화를 했냐고 물으면 그런 적 없다고 발뺌하는 경우가 많아. 그렇다고 말을 전한 친구를 불러 다시 확인하는 과정은 친구 사이를 불편하게 만들 뿐이야. 중요한 건 과거보다 앞으로의 행동이야. 그러니 발뺌하는 친구에게 이렇게 말해.

"네가 안 했다고 하니 다행이야."

"혹시 나에게 하고 싶은 말이 있으면 직접 나에게 말해 줘."

2단계: 나도 스스로를 돌아볼 필요가 있어

발표를 열심히 하는 건 칭찬받을 일이지만, 다른 친구의 기회를 뺏는 건 적절치 않아. 친구들 모두 발표할 권리가 있으니 말이야.

내가 아는 걸 자랑하고 싶은 마음에 혼자 발표를 독차지하면, 친구들은 너를 잘난 척하는 얄미운 친구라고 생각할 거야. 그러니 이럴 땐 내 마음을 조절할 수 있는 마음의 말이 필요해.

'우리 반 아이는 25명. 하루에 발표 기회가 10번 정도라면 이틀에 한 번 발표하는 것도 꽤 많이 하는 거야. 친구들이 잘 모를 때, 발표할 사람이 별로 없을 때 손들고 발표하는 것으로 충분해.'

진짜 잘난 사람은 잘난 점을 전부 드러내지 않아. 벼는 익을수록 고개를 숙이는 법이거든. 지혜롭게 말하고 행동할 때 친구 사이도 좋아질 거야.

Chapter 9

친구가 나를 따돌릴 때 할 수 있는 슬기로운 말

친구가 나를 따돌린다고 느낀 적 있니?

이럴 땐 어떻게 대처해야 할지 몰랐을 거야.

학교도 가기 싫고 정말 힘들었겠다.

이럴 때 친구와 다시 가까워질 수 있는

슬기로운 말을 알려 줄게.

말을 걸어도 제대로 대답을 안 할 때

도대체 친구는 왜 제대로 대답을 안 하는 걸까? 다른 친구들에게는 그러지 않으면서 나에게만 그런다면, 풀어야 할 불편함이 있다는 의미야.

1단계: 혹시 내가 불편하게 한 점이 있는지 질문하기

"○○아/야, 혹시 나 때문에 불편한 거 있어?"

"내가 물어도 대답을 잘 안 하니까 뭔가 불편한 게 있는 것 같아."

이렇게 물어보면 두 가지 대답이 나올 거야. 정말 불편한 게 있었다면 그 이유를 말해 줄 거야. 제대로 대답을 안 하더라도, 먼저 물어봐 주는 모습이 친구한테는 새롭고 좋아 보일 수 있어. 그게 아니면 그냥 아무 말도 안 하고 싶은 상태일 수도 있어. 이건 시간이 지나면 저절로 해결될 거야.

2단계: 나에게 불편함이 있었다고 한다면

"난 네가 자꾸 네 마음대로 해서 불편해."

친구가 이렇게 말한다면 어떨까? 무척 당황스럽겠지. 그렇다고 삐지거나 말로 되받아치면 안 돼. 중요한 건 친구가 불편한 점을 솔직하게 말했다는 사실이야. 물어서 대답해 준 건데 쏘아붙이면 안 되겠지? 대신 이렇게 말해 봐.

"솔직히 말해 줘서 고마워. 내가 조심할게."

"혹시 내가 또 그러면 네가 '그만!'이라고 외쳐 줄래?"

친구에게 불편한 점이 있어도 바로 말하기는 은근히 어려워. 먼저 진솔하게 물어보면, 생각보다 금방 친구와의 갈등이 해결될 거야.

내 앞에서 친구들이 귓속말할 때

내 앞에서 친구들이 귓속말을 한다면 정말 기분 나쁠 거야.
나만 따돌리는 것 같고 말이야. 이럴 때는 두 가지 중 하나를 선택할 수 있어.

1단계: 따돌리려는 걸까? 사정이 있는 걸까?

두 친구가 나를 따돌리려고 귓속말을 한다고 생각하면 눈치도 보이고 기분이 몹시 나빠질 거야. 이럴 땐 우선 다른 관점으로 생각해야 해. 이렇게 말이야.

'둘이 뭔가 나에게 말하기 힘든 사정이 있나 보다.'

어때? 갑자기 궁금하고 걱정되고 배려하는 마음이 생기지? 보는 관점에 따라 이렇게 마음이 바뀌는 건 정말 신기한 일이야.

2단계: 귓속말하는 친구들을 배려하는 말이 필요해

"둘이 무슨 사정이 있으면 편안하게 귓속말해도 돼."

"혹시 내가 뭘 잘못한 거면 나에게 직접 말해 줘."

이렇게 말하면 귓속말하던 두 친구는 어떤 마음이 들까? 너에게 미안해할 수도 있고, 자기들이 잘못한 걸 깨닫고 귓속말한 내용을 말해 줄 수도 있어. 중요한 건 친구들이 내 험담을 할까 봐 눈치 보는 게 아니라, 귓속말이 필요할 수 있겠다고 생각하고 배려하는 마음이야.

친구들이 귓속말을 할 때 "우리 귓속말 놀이 하자!"라고 제안하는 것도 좋아. 놀다 보면 속상함도 오해도 쉽게 풀리는 게 친구 사이니까 말이야.

생일 파티에 나만 초대받지 못했을 때

친구 생일 파티에 혼자만 초대받지 못했다니 너무 속상하겠다.
하지만 이럴 때도 먼저 생각의 방향을 제대로 잡는 것이 중요해.

1단계: 정말 나만 초대장을 못 받은 걸까?

분명히 그건 아닐 거야. 반 전체를 초대했는데 너만 빠졌다면 따돌림으로 볼 수 있고, 담임 선생님께 도움을 청해야 해. 하지만 그렇지 않고 친한 아이들 위주로 초대했다면, 서운하겠지만 인정하고 받아들여야 해. 이렇게 생각해 봐.

'아, 모두를 초대한 건 아니구나.'
'나만 초대 못 받은 건 아냐. 따돌림당한 것도 아니야.'
'서운하지만 속상할 일은 아니야.'

2단계: 나를 초대하지 않은 이유는 뭘까?

이 질문이 꼭 필요해. 난 친하다고 생각했는데 아닐 수도 있어. 그러니 이유를 꼭 생각해 봐야 해.

'친구가 나를 초대하지 않은 이유는 뭘까?'

아마 그 친구와는 별로 친하지 않았고, 대화도 자주 나누지 않았다는 사실을 깨달을 거야. 안 친해도 생일 파티 초대장은 받고 싶은 게 사람 마음이지. 그래도 이제 초대받지 못해서 생긴 서운함은 사라졌지?

다음에 그 친구의 생일 파티에 초대받으려면 어떻게 해야 할까?
내 생일에 먼저 그 친구를 초대해 봐. 그리고 1, 2장의 내용을 잘 활용해 봐!

나랑 놀지 말자고 말하는 걸 들었을 때

친구들이 하는 말을 듣고 너무 속상했겠다. 한편으로는 또 다른 친구들도 나와 놀지 않을까 봐 두려웠을 거야. 이럴 땐 어떻게 해야 할까?

#1단계: 그 친구는 왜 나를 피하는 걸까?

친구는 분명 나 때문에 불편한 점이 있었을 거야. 혼자 속상해하기보다는 정면 돌파해 보자. 어떻게 하냐고? 바로 그 친구에게 다가가서 직접 사과하고 앞으로의 계획을 말해 보는 거야.

"내가 자주 짜증 내서 미안해."

"난 더 재미있게 하려고 내 의견을 말한 건데, 내 마음대로 한다고 느꼈구나. 그것도 미안해. 앞으로 조심할게."

"이제 함께 놀아도 될까?"

#2단계: 따돌림을 예방하는 말이 필요해

이렇게 말하면 따돌림을 주동한 아이는 무척 당황할 거야. 뒤에서 수군대는 건 쉽지만, 서로 얼굴을 마주 보고 말하면 잘못한 행동인 걸 알아서 양심이 찔리기 때문이야.

뒤에서 친구를 험담하고 따돌리는 행동을 더는 못하도록 이렇게 당부해 봐.

"혹시 놀다가 내가 불편하게 하면, 놀지 말자고 말하지 말고 불편한 걸 직접 말해 줄래?"

이렇게 말해도 친구의 행동이 지속된다면, 그때는 선생님과 부모님께 꼭 도움을 요청해야 해. 절대 혼자서만 고민하면 안 돼!

괴롭힘과 따돌림을 당했을 때

친구를 괴롭히는 건 장난이 아니라 폭력이야. 이럴 땐 고민하지 말고 무조건 선생님께 가서 말해야 해. 어떻게 말해야 할지 알려 줄게.

1단계: 친구는 장난이라지만 난 괴로워

　이런 장난이 반복되고 있다면 언제, 어디서, 어떤 괴롭힘을 당했는지 꼼꼼하게 기록해 두는 게 좋아.

　4/1 ○○(이)가 볼을 세게 꼬집고 귀엽다고 웃음. 하지 말라고 세 번이나 말했는데도 두 뺨을 계속 꼬집었음.

　4/2 내가 앉으려는데 갑자기 의자를 뒤로 빼서 엉덩방아를 찧었음. 책상에 머리를 부딪히기도 했음. 피는 안 났지만 무척 아팠음.

　이렇게 꼭 기록을 남겨. 단, 절대 과장하거나 거짓말로 쓰면 안돼. 그건 오히려 네가 친구를 괴롭히는 일이야.

2단계: 이제 선생님께 도움을 청해

　기록한 내용을 바탕으로 선생님께 도움을 청해. 선생님이 타일렀는데도 친구가 괴롭힘을 지속한다면, 그때는 학교 폭력으로 신고하고 싶다고 요청해야 해.

　"제가 말해도 달라지지 않고, 선생님이 혼내셔도 계속해요."

　"이제 학교 폭력으로 신고하고 싶어요."

　이렇게 야무지게 말해 봐. 혼자 말하기 힘들면 부모님께 말해서, 부모님이 선생님께 말씀드리는 것도 방법이야. 꼭 기억해!

　　신고는 너뿐만 아니라 괴롭힘을 멈추지 않는 친구도 좋은 어른으로 잘 자랄 수 있게 어른들이 마련해 놓은 장치야. 그러니 잘 활용하길 바라!

Chapter 10

바라는 대로 이루어지는 마법의 말

친구와 함께 있으면 바라는 게 많이 생겨.
같이 놀고 싶고, 도움도 받고 싶고, 학급 회장이 되고 싶기도 해.
그럴 때 네가 바라는 걸 얻을 수 있는
마법의 말을 알려 줄게.

같이 놀고 싶을 때

용기 내어 다가갔는데 친구들 반응이 시큰둥하네. 오늘은 같이 놀기 어렵겠지만 아직 실망하긴 일러. 친구들과 가까워지는 방법을 알려 줄게.

1단계: 친구들의 마음속 거리를 인정해 줘

같이 놀자고 말했는데 친구들 반응이 시큰둥한 건 아직 나와 거리감이 있기 때문이야. 어색한 사이일 때 같이 놀자고 하면 당황스러울 수 있지. 생각해 봐. 같은 반이지만 별로 가깝지 않은 친구가 갑자기 나타나서 같이 놀자고 하면 어떨까? 조금 당황스럽겠지? 그러니 친구들과 나 사이의 마음속 거리를 인정하고 받아들인 다음 그 자리를 떠나면 돼.

"아, 너희들끼리 놀고 싶구나? 그럼 다음에 놀자."

2단계: 2~3일 뒤에 다시 시도해

한번 친한 친구들의 무리가 만들어지면 아이들은 그 무리 안에서 자기들끼리만 어울리게 돼. 그래서 그 친구들과 친해지려면 한 달 작전이 필요해. 일주일에 한두 번 정도 다가가서 "얘들아, 같이 놀자!"라고 말해 봐.

왜 일주일에 한두 번이냐고? 그건 친구들도 마음의 준비를 하는 시간이 필요하기 때문이야. 밝은 얼굴로 같이 놀자고 말하다 보면, 친구들도 너를 좋은 아이라고 생각해서 함께 놀고 싶어질 거야.

그렇다고 너무 자주 얘기하면 친구들도 부담스러울 수 있어.
친구들의 마음이 서서히 변해가는 걸 기다릴 수 있는 힘이 필요해. 할 수 있겠지?

도와달라고 말하고 싶을 때

주변에 도움을 청해야 하는 상황인데, 도와달라는 말을 하기가 생각보다 어려운가 보구나. 이럴 땐 어떻게 도움을 청해야 할지 알려 줄게.

1단계: 아프다는 신호를 보내

넘어졌을 때, 조심성 많은 아이들은 아픈데도 아프다는 말을 큰소리로 하지 않아. 그렇지만 아픈 걸 주변에 알리려면 큰 소리를 내야 해. 먼저 "아! 아파!"라고 소리쳐. 혹시 친구들이 못 들었다면 조금 더 크게 "으악! 너무 아파!"라고 한 번 더 말해. 그 소리를 들으면 주변 친구들이 모두 놀라 너를 쳐다보게 될 거야.

2단계: 이제 한 단어만 말하면 돼

친구들이 네가 다쳤다는 사실을 알게 되면 그다음엔 "보건실!"이라고만 말해 봐. 친구에게 도움을 청하기 힘들어하는 아이들은 나를 도와줄 친구가 없다고 생각하는 경우가 많아. 절대 그렇지 않아. 아이들 대부분은 아픈 친구를 도와주려는 마음을 가지고 있어. 그러니 "보건실"이라고 작게 말해도, 어쩌면 그 말을 하지 않아도 두세 명의 아이들이 먼저 다가와 손을 잡아 일으켜 주고 보건실로 기꺼이 데려다줄 거야. 모두가 착한 마음을 가진 좋은 친구라는 사실을 꼭 기억해.

도움이 필요하다면 도움을 요청하는 신호를 보내야 해.
아무 말도 하지 않으면 아무도 네 마음을 모르니 말이야.

우리 집에 초대하고 싶을 때

친구를 집에 초대하고 싶다면 이렇게 충동적으로 말하면 안 돼. 갑작스럽게 말하면 응할 수 있는 친구가 별로 없거든. 그럼 어떻게 하냐고?

1단계: 일주일 놀이 계획을 세워 봐

놀이에도 계획이 필요해.
☐ 이번 주에 우리 집에서 놀 수 있는 날이 언제인지 체크하기
☐ 부모님께 친구가 와서 놀아도 되는지 허락 구하기
☐ 몇 명을 초대하는 게 좋을지 미리 생각하기
☐ 부모님이 간식을 준비해 주실 수 있는지 미리 여쭤보기

이렇게 친구들과 놀 수 있는 날을 체크하고, 부모님의 허락을 구해서 친구 초대 계획을 세우는 거야.

2단계: 놀이 초대에 응할 수 있는 친구를 찾아봐

만약 화요일에 친구를 초대할 수 있다면 친구들에게 그날 놀 수 있는지를 물어봐. 당연히 부모님의 허락도 받은 상태여야겠지?

"우리 집에서 화요일에 놀 수 있는 사람? 두 명까지 가능해"

놀고 싶어 하는 친구가 여러 명이라면 가위바위보로 정하자고 제안하는 것도 좋아. 특별히 더 초대하고 싶은 친구가 있다면 다른 친구들에게 묻기 전에 먼저 조용히 물어보도록 해야 해. 그래야 다른 친구들이 서운해하지 않을 테니 말이야.

친구들과 집에서 함께 노는 건 참 즐거운 일이야. 미리 계획을 세워서 친구들을 초대한다면, 문제없이 완벽한 놀이를 할 수 있을 거야.

부러운 친구가 있어서 닮고 싶을 때

인기도 많고 잘하는 것도 많은 친구가 부럽구나. 친구를 따라 하면 나도 인기가 많아질까? 아니야. 먼저 자신에게 해 줘야 할 말이 있어.

#1단계: 그 친구가 인기 있는 이유가 뭘까?

인기 있는 친구의 좋은 점을 배우는 건 좋지만, 그 전에 꼭 생각해 봐야 할 문장이 있어.

'그 친구를 흉내 내는 게 좋을까, 나다운 게 좋을까?'

정답은 나답게 친구를 사귀는 일이야.

인기 있는 친구, 조용한 친구, 잘 도와주는 친구, 공감 잘하는 친구, 잘 웃기는 친구, 배려 잘하는 친구… 주변을 둘러보면 친구들이 가진 장점은 참 다양해. 이 중에 내가 가진 장점은 뭘까?

#2단계: 나답게 친구를 사귀는 일이 중요해

도와주기를 잘한다면 "내가 도와줄까?"라고 말해 주고,

공감을 잘한다면 "속상하겠다. 힘들었겠다. 진짜 재밌었겠네."라고 말해 주고,

친구를 웃길 줄 안다면 하루 한 번 개그맨을 흉내 내 봐.

이렇게 내가 잘할 수 있는 방법으로 친구와 이야기를 나누다 보면 서서히 네 주변에 친구들이 많아질 거야.

인기 많은 친구가 되고 싶다면 시간을 두고 천천히 나다운 모습을 보여 주는 게 중요해. 시간의 마법을 믿고, 네가 가진 장점을 보여 줘!

학급 회장이 되고 싶을 때

학급 회장이 되고 싶어서 친구들에게 뽑아 달라고 말했지만, 왜인지 친구들은 난감한 표정이네. 이럴 땐 친구들의 마음을 움직이는 마법이 필요해.

1단계: 스스로 예측하기

노트에 우리 반 친구들의 이름을 적고, 그 친구가 나를 믿는지, 나를 학급 회장으로 뽑을 만큼 친한지 생각해 봐. 아마 분명하게 알아차릴 수 있을 거야.

자, 나를 뽑아 줄 친구가 몇 명일까? 만약 열 명이 넘는다면, 선거에서 뽑힐 가능성이 크다고 보면 돼.

2단계: 단계별 작전 세우기

아무리 생각해도 나를 뽑아 줄 친구가 세 명 정도밖에 되지 않는다면 어떻게 하면 좋을까? 이제 장기 계획이 필요해. 지금이 1학기라면 2학기 학급 회장 선거를 위해 준비해야 하고, 2학기라면 지금부터 잘 준비해서 내년에 새 학년의 학급 회장이 될 준비를 해야 해.

지금까지 소개한 똑똑하게 내 마음을 말하는 법을 잘 활용해 봐. 특히 내년을 준비한다면 새로운 친구를 사귀는 다정한 말, 같이 놀며 더 친해지는 유쾌한 말을 잘 활용해 보렴. 좋은 결과가 있을 거야.

만약 친구도 학급 회장 선거에 출마한다면 무슨 말을 해야 할까? "우리 서로 열심히 준비하자!"라고 말해 주자. 그게 바로 선의의 경쟁이야.

에필로그

    지금까지 친구와 사이좋고 즐겁게 잘 지낼 수 있는 법, 울지 않고 참지 않고 욱하지 않고 똑똑하게 내 마음을 말하는 법을 알려 주었는데, 어땠니? 이 방법은 머리로 생각만 한다고 이루어지는 게 아니야. 주문을 외우듯 입으로 말하고, 행동으로 실천하는 것이 중요해. 이 방법을 더 잘 활용할 수 있는 비법을 알려 줄게. 날마다 잠자기 전에 부모님과 세 가지 주제로 이야기를 나누어 봐.

① 오늘 친구와 재미있었던 점 한 가지
② 내가 잘한 점 한 가지
③ 내일은 다르게 하고 싶은 점 한 가지

이 내용을 일기장에 적는 것도 좋아. 내가 예를 보여 줄게.

① 오늘 ○○(이)가 먼저 같이 놀자고 말했다. 내가 색종이로 비행기

를 만들자고 했다. 같이 비행기를 날리다 보니 다른 아이들도 우리를 보고 따라 해서 교실에 비행기 여러 개가 함께 날아다녔다. 너무 재미있었다.

② 내가 종이비행기를 접자고 말한 건 정말 잘한 것 같다.

③ 오늘 ○○(이)가 먼저 같이 놀자고 해서 너무 좋고 고마웠다. 내일은 나도 ○○(이)에게 같이 놀자고 먼저 말해야겠다.

이런 내용을 적으면 아주 훌륭한 일기가 될 거야. 게다가 친구와 더 사이좋고 즐겁게 지낼 수 있는 비법이기도 하단다.

여기까지 따라오느라 수고했어. 이제 책에서 알려 준 대로 따라 한다면 너에겐 신기한 변화가 일어날 거야. 그게 뭐냐고?

"넌 네 마음을 똑똑하게 말할 수 있을 거야."

그리고,

"친구들이 널 많이 좋아하게 될 거야."

울지 않고, 참지 않고, 욱하지 않고
똑똑하게 내 마음을 말하는 법

초판 1쇄 발행 2024년 5월 30일
초판 5쇄 발행 2024년 10월 24일

글쓴이 이임숙
그린이 미혜
펴낸이 민혜영
펴낸곳 데이스타
주소 서울시 마포구 월드컵로14길 56, 3~5층
전화 02-303-5580 | **팩스** 02-2179-8768
홈페이지 www.cassiopeiabook.com | **전자우편** editor@cassiopeiabook.com
출판등록 2012년 12월 27일 제2014-000277호

ⓒ이임숙·미혜, 2024
ISBN 979-11-6827-190-6 (73700)

이 책은 저작권법에 따라 보호받는 저작물이므로 무단 전재와 복제를 금하며,
책의 전부 또는 일부를 이용하려면 반드시 저작권자와 (주)카시오페아 출판사의
서면 동의를 받아야 합니다.

- 데이스타는 (주)카시오페아 출판사의 어린이·청소년 브랜드입니다.
- 잘못된 책은 구입하신 곳에서 바꿔 드립니다.
- 책값은 뒤표지에 있습니다.